Conociendo al Espíritu Santo

José Fontanez

Derechos reservados © 2011 por José Fontanez

Conociendo al Espíritu Santo
por José Fontanez

Impreso en los Estados Unidos de América

ISBN 9781619044494

La reproducción en parte o en su totalidad de este material está completamente prohibida sin la autorización previa del Ministerio Poder De Dios En Acción.

Al menos que se indique lo contrario, las citas Bíblicas son tomadas de la versión Reina-Valera, derechos © 1960 por American Bible Society.

Ministerio Poder De Dios En Acción
www.poderenaccion.com

www.xulonpress.com

Contenido

Dedicación vii

Introducción ix

¿Existe el Espíritu Santo en Nuestros Días? 11

Personalidad del Espíritu Santo 13

Acciones Incorrectas Hacia el Espíritu Santo 16

El Trabajo del Espíritu Santo en Nuestras Vidas 22

Características del Espíritu Santo 27

Los Dones del Espíritu 31

El Fruto del Espíritu 39

¿Bautismo o Llenura del Espíritu? 41

Conclusión 45

Dedicación

Primeramente le doy gracias a Dios por la oportunidad que me ha dado de escribir este libro. Al Espíritu Santo, por su iluminación y sabiduría de lo alto. A mi amada esposa, Ingrid, una mujer virtuosa quien siempre ha estado a mi lado en el ministerio. A mis hijos, José Jr. y Katherine Marie, dos regalos preciosos que Dios nos ha dado a mi esposa y a mí. A mis padres, Andrés y Urbina, por sus instrucciones en el camino del Señor y apoyándome en todo momento. A mis suegros, José Luís y Juanita, mil gracias por su apoyo. Y en especial a todos los hermanos que respaldan este ministerio con sus oraciones. Dios les bendiga a todos.

José L. Fontanez

Introducción

Nacido de padres cristianos (ministros del Señor), me recuerdo que desde mi niñez el tema del Espíritu Santo ha sido muy hablado e interesante. Según fui creciendo, tuve la oportunidad de ser testigo de muchas manifestaciones del Espíritu Santo; manifestaciones como sanidades, milagros, liberaciones, etc. No fue hasta llegar al punto de que Dios comenzó a llamarme al ministerio que yo verdaderamente sentí una inquietud de conocer al Espíritu Santo de cerca y tener una relación íntima con él. Al conocer la personalidad del Espíritu Santo, entendí que el ministerio que Dios me entregaba se concentraba en trabajar con los problemas internos de la iglesia. Según me desarrollaba en la iglesia, el sentir de compasión por las almas ardía en mi interior.

Cuando Dios comenzó a llamarme, le pedí que me diera un nombre para el ministerio simplemente para poder distinguir mi ministerio de los demás. Me recuerdo que un día meditando en esto, el nombre *Poder de Dios en Acción* vino a mi mente. En seguida sentí que ese era el nombre con el cual Dios quería que yo encabezara mi ministerio. Después me puse a pedirle a Dios que me enseñara exactamente el significado de este nombre. El Señor me enseñó que el Espíritu Santo es el representante del "Poder de Dios" aquí en la tierra. San Juan 14:26 dice:

"Mas el Consolador, el Espíritu Santo, a quien el Padre enviará en mi nombre..."

Jesús les hablaba a sus discípulos de su partida pero que había otro quien el Padre enviaría para representarlo aquí en la tierra, el Espíritu Santo. El Espíritu Santo constantemente está "en Acción." En una ocasión a Pedro lo mandaron a buscar porque había una mujer que se llamaba Tabita, que traducido quiere decir Dorcas, que había muerto. Pedro poniéndose de rodillas y orando se volvió al cuerpo y le dijo: "Tabita, levántate. Y ella abrió los ojos y viendo a Pedro se incorporó" (Hechos 9:36-40). ¿Quién hizo la obra? Fue Dios a través del Espíritu Santo que estaba en Pedro. Era el Espíritu Santo quien estaba representando el *Poder de Dios en Acción* aquí en la tierra.

¿Existe el Espíritu Santo en Nuestros Días?

Muchos secularmente enseñan que las manifestaciones del Espíritu Santo solamente eran para los tiempos de los apóstoles, que es un invento de los cristianos o aún que no existe. Una cosa yo quiero dejar claro en cuanto a este punto. La Biblia nos enseña en Hebreos 13:8:

"Jesucristo es el mismo ayer, y hoy, y por los siglos."

Jesucristo es parte de la trinidad o deidad y es uno con el Padre y el Espíritu Santo. De la misma manera que la Biblia registra que "Jesucristo es el mismo ayer, y hoy, y por los siglos," significa que el Padre y el Espíritu Santo también son los mismos ayer, y hoy, y por los siglos." Podemos leerlo de la siguiente manera: Dios (el Padre), y Jesucristo (el Hijo), y el Espíritu Santo son los mismos ayer, y hoy, y por los siglos. ¿Qué quiero decir con esto? El Dios que derramó de su Espíritu Santo sobre aquellos que se encontraban en el aposento alto, es el mismo (Jehová) quien sigue derramando de su Espíritu sobre la iglesia de hoy.

Unas oraciones atrás mencioné las palabras "trinidad" y "deidad." Quiero que entiendan que la palabra "trinidad" no se encuentra en la Biblia, sino la palabra "deidad." Si usted busca la palabra "trinidad" en un diccionario, encontrará que significa unión de tres personas divinas en una sola esencia. La palabra "deidad" significa un ser divino o esencia divina, [Diccionario Anaya de la Lengua]. Usamos la palabra "trinidad" por cuanto la Biblia enseña que el Padre, y el Hijo, y el Espíritu Santo trabajan en tres papeles diferentes pero siguen siendo uno.

En Lucas 3:21 y 22 dice:

"Aconteció que cuando todo el pueblo se bautizaba, también Jesús fue bautizado; y orando, el cielo se abrió, y descendió el Espíritu Santo sobre él en forma corporal, como paloma, y vino una voz del cielo que decía: Tú eres mi Hijo amado; en ti tengo complacencia."

Aquí podemos ver como los tres – Padre, Hijo, y Espíritu Santo – son identificados. Jesús, el Hijo, fue bautizado. El Espíritu Santo descendió como paloma y el Padre, quien testifica de su Hijo. Siendo Jesús el Hijo, naturalmente significa que tiene un Padre.

Para concluir esta parte, cuando el milagro surge en Dorcas, por obra del Espíritu Santo, el cual sigue aun haciendo este trabajo hoy en día, demuestra la existencia del Espíritu Santo a través del la historia humana.

Personalidad del Espíritu Santo

La mayoría de las personas hoy relacionan el Espíritu Santo como una cosa y no como la persona que es. Eso es un error muy grande. El Espíritu Santo no es cualquier cosa. Es alguien muy especial quien Dios nos ha dado para el beneficio de nosotros. Cuando un joven pide a su novia que se case con él, el joven busca el mejor anillo como símbolo del compromiso que van a hacer. La joven se siente tan feliz que ella guarda ese anillo con toda su vida para no perderla.

Dios hace lo mismo con su iglesia amada. Él nos ha dado el Espíritu Santo como anillo de su amor por nosotros, dejándonos saber que no estamos solos, que un día él ha de regresar para llevarnos a las bodas del Cordero. Lo triste del caso es que muchos de nosotros no sabemos atesorar ese anillo especial que Dios nos ha dado como compromiso y lo perdemos. ¿Por qué? Porque creemos que ese anillo es como cualquier otro y se puede conseguir en una tienda. Estamos muy equivocados si pensamos así. Este anillo especial se puede conseguir solamente a través de Dios.

Hay tres puntos principales que los psicólogos usan para asociarlos con el concepto de la personalidad. Los tres puntos son los siguientes: voluntad, conocimiento y emoción. Vamos a ver si estos tres puntos se podrán aplicar al Espíritu Santo.

Primeramente, vamos a estudiar la voluntad. Voluntad significa el deseo o el querer de hacer algo, [Diccionario Anaya de la Lengua]. En Primera de Corintios 12:11 dice:

"Pero todas estas cosas las hace uno y el mismo Espíritu, repartiendo a cada uno en particular como él quiere."

Los versículos anteriores a este explican los diferentes dones del Espíritu Santo. Aquí en el versículo once, nos enseña que el Espíritu reparte los dones a cada uno en particular como él quiere. Su voluntad o deseo es repartir los dones a cada uno en particular para provecho (v. 7). El Espíritu Santo tiene dones o regalos para cada uno de nuestras vidas pero sólo pueden ser adquiridos a través de una relación íntima con él. Él quiere depositar un regalo especial hoy en la vida de usted.

Segundo, el conocimiento. Conocimiento significa tener la idea de una cosa, llegar a saber la naturaleza y cualidades mediante la inteligencia [Diccionario Anaya de la Lengua]. En Primera de Corintios 2:10 y 11 dice:

"Pero Dios nos reveló a nosotros por el Espíritu; porque el Espíritu todo lo escudriña, aun lo profundo de Dios. Porque ¿quién de los hombres sabe las cosas del hombre, sino el espíritu del hombre que está en él? Así tampoco nadie conoció las cosas de Dios, sino el Espíritu de Dios."

El Espíritu Santo todo lo escudriña. Cuando uno escudriña algo, investiga detenidamente o con cuidado [Diccionario Anaya de la Lengua]. Por cuanto el Espíritu Santo investiga todo, él llega a saber la naturaleza y cualidad de cada persona. Los sentimientos más profundos en su corazón que dice que nadie sabe, los conoce el Espíritu Santo. No hay nada que nosotros podemos hacer aquí en la tierra que el Espíritu no conozca. Uno podrá engañar al hombre, pero no al Espíritu Santo.

Tercero, la emoción. Emoción es una reacción afectiva. Efesios 4:30 dice:

"Y no contristéis al Espíritu Santo de Dios, con el cual fuisteis sellados para el día de la redención."

El Espíritu Santo se contriste cuando nos comportamos en una manera desordenada. En el versículo 31, nos dice:

"Quítense de vosotros toda amargura, enojo, ira, gritería y maledicencia, y toda malicia."

Estas cosas son las que tenemos que aprender a despojar de nuestras vidas, algo que muchas veces se nos hace muy difícil. No tomamos en cuenta que el Espíritu Santo se contriste y seguimos como si nada hubiese pasado. Así, el Espíritu Santo está muy contristado por nuestras acciones y nosotros felices y contentos, dando palmadas en los servicios y cantando sin tomar un momento para auto-examinarnos y averiguar en cual área le hemos fallado al Espíritu Santo de Dios. ¿Cuándo fue la última vez que usted le pidió perdón a Dios por haber ofendido al Espíritu Santo? Si nunca lo ha hecho, este es el momento de hacerlo. El pedir perdón a Dios por ofender al Espíritu Santo es el primer paso que uno toma hacia una relación íntima con él.

Hemos visto que el Espíritu Santo tiene voluntad, conocimiento y emoción. Así que, podemos concluir que el Espíritu Santo tiene una personalidad. Por cuanto el Espíritu Santo tiene una personalidad, debemos dirigirnos hacia él como persona y no una cosa. Él merece nuestro respeto completo.

Acciones Incorrectas Hacia el Espíritu Santo

De la misma forma que muchas veces tratamos a nuestros amigos, familiares o hermanos en una manera indebida, hacemos también con el Espíritu Santo. Esto sucede porque no valoramos nuestras relaciones individuales. Vamos a ver algunas de las cosas que hacemos e ignorantemente decimos que no es nada pero que, a lo largo, tienen sus efectos en las personas que nos rodean. Primero, la mentira. Hay un ejemplo muy conocido en la Biblia donde una pareja intentó mentirle a Pedro y quedaron muertos al instante. Encontramos esta historia en Hechos 5:1-11 a donde dice:

"Pero cierto hombre llamado Ananías, con Safira su mujer, vendió una heredad, y sustrajo del precio, sabiéndolo también su mujer; y trayendo sólo una parte, la puso a los pies de los apóstoles. Y dijo Pedro: Ananías, ¿porqué llenó Satanás tu corazón para que mintieses al Espíritu Santo, y sustrajeses del precio de la heredad?...Al oír Ananías estas palabras, cayó y expiró...Pasado un lapso como de tres horas, sucedió que entró su mujer, no sabiendo lo que había acontecido. Entonces Pedro le dijo: Dime, ¿vendisteis en tanto la heredad? Y ella dijo: Sí, en tanto. Y Pedro le dijo: ¿Por qué convinisteis en tentar al Espíritu del Señor?

He aquí a la puerta los pies de los que han sepultado a tu marido, y te sacarán a ti. Al instante ella cayó a los pies de él, y expiró."

Como expliqué anteriormente, el Espíritu Santo lo conoce todo. No hay nada que podemos esconder de él que él no conozca. Ananías, y Safira su mujer, pensaban que podían engañar al hombre a través de la mentira y les falló. Una cosa que tenemos que entender es que cuando vamos con un siervo de Dios para decirle algo, hay que estar seguros que lo que le vamos a decir es la verdad. ¿Usted sabe por qué? Porque no le mentimos al hombre, sino al Espíritu Santo que está dentro de él. De la misma forma que le mentimos a nuestros amigos, familiares y hermanos, hacemos con el Espíritu Santo. Mejor es que uno venga a Dios con la verdad y no con una mentira que puede traer muerte a su vida. Una cosa le digo: con Dios no se juega.

Segundo, resistimos al Espíritu Santo. El Espíritu Santo no entra en una vida a menos que uno no lo invite. ¿Cómo es que usted puede hacer eso? Aceptando al Jesucristo como su único y exclusivo Salvador. Entiéndase claro esto: el Espíritu Santo trabaja en diferentes formas con diferentes personas. En Hechos 7:51, Esteban declaró su último mensaje antes de morir diciendo:

"¡Duros de cerviz, e incircuncisos de corazón y de oídos! Vosotros resistís siempre al Espíritu Santo; como vuestros padres, así también vosotros."

El Espíritu Santo siempre está dispuesto a ayudarle si así lo desea usted. Cuando usted resiste, se opone a la acción de otro. Algo que hay en nuestras vidas en estos días es la incredulidad. Si usted no cree que el Espíritu Santo puede hacer un milagro en su vida, usted está resistiendo al Espíritu

Santo. Circuncida su corazón y permita que el Espíritu Santo obre en una manera especial. En Romanos 13:2 dice:

"De modo de quien se opone a la autoridad, a lo establecido por Dios resiste; y los que resisten, acarrean condenación para sí mismo."

Aquí, Pablo le decía a los romanos que tenían que obedecer a las autoridades terrenales. Aunque muchas veces no estamos de acuerdo con los puntos morales de los gobernantes de nuestros países, tenemos que someternos a ellos por lo que ellos representan – la autoridad civil. Pablo le escribía a los romanos que si resistían o se oponían a las autoridades terrenales, resistían a lo establecido por Dios.

En estos últimos años hemos oído de muchos grupos que han intentado dar un golpe de estado a los diferentes gobiernos alrededor del mundo. Esto está completamente en contra de lo que la Biblia nos enseña que tenemos que hacer. Pablo le dice a Timoteo en Primer de Timoteo 2:1 y 2:

"Exhorto ante todo, a que se hagan rogativas, oraciones, peticiones y acciones de gracias, por todos los hombres; y por los reyes..."

Ahora, en Romanos 13:2, termina diciendo que los que resisten, acarrean condenación para sí mismos. Esto es lo que Esteban le quería dejar saber a los que estaban a punto de matarle. Que si seguían resistiendo al Espíritu Santo tal y como sus padres lo habían hecho, condenación vendría para ellos. Si nosotros resistimos al Espíritu Santo en nuestras vidas, condenación vendrá sobre nosotros.

En estos días, Dios está buscando personas que estén dispuestos dejarse usar por él. Muchas veces Dios nos llama y nos entrega dones para ministrarlos en su iglesia y por ciertas murmuraciones o chismes que las personas levantan en contra de nosotros, empezamos a oponernos a lo que el Espíritu Santo quiere hacer en nuestras vidas. Decimos que ya no queremos hacer nada por no oír las críticas, pero una cosa le digo: es mejor agradar a Dios que agradar al hombre. Jesús, el hombre que más la gente murmuró en contra, siempre permitió que Dios lo usara para cumplir su misión. Si Jesús lo pudo hacer, usted también puede hacerlo por cuanto tiene al Espíritu Santo de Dios adentro. Si resistimos a lo establecido por Dios, resistimos el Padre, y el Hijo, y el Espíritu Santo.

Tercero, a veces nuestras acciones contristen al Espíritu Santo. Efesios capítulo 4 nos habla de algunas de estas acciones incorrectas. Hacemos estas cosas porque no hemos despojado el viejo hombre de nosotros (v. 22). Cuando uno acepta a Cristo como su Salvador, Dios lo hace una nueva criatura. Quiere decir que ya "no mentimos" (v. 25), "no hurtamos" (v. 28), "no hablamos palabras corrompidas" (v. 29) y hemos "quitado la amargura, enojo, ira, gritería y maledicencia, y toda malicia" (v. 31). Ahora, somos "benignos unos con otros", "misericordiosos", nos "perdonamos unos a otros, como Dios también os perdonó a vosotros en Cristo" (v.32).

Hoy, yo me atrevería decir que hay muchos llamados cristianos que tienen al Espíritu Santo contristado. Creemos que servirle a Dios es un juego y que podemos entrar y salir cuando queremos y no es así. Hay cristianos que han puesto a sus vidas en balance y están cayendo en el lado de la condenación. Creemos que con solamente llegar al templo para que el pastor nos vea es suficiente, pero estamos equivocados. Hay una gran comisión que se tiene que llevar a cabo, sin embargo muchos hoy están dormidos dentro de la iglesia. Jesús le dice a su iglesia: ¡Iglesia despierta, iglesia levántate, te necesito, no es tiempo de estar sentados sino trabajando! ¡Vengo a buscar una iglesia sin manchas y sin arrugas! Pensemos en estos momentos, en que área de nuestras vidas estamos contristando al Espíritu Santo.

Por último, afrentamos al Espíritu Santo. "Afrentar" significa avergonzar u ofender [Diccionario Anaya de la Lengua]. En Hebreos 10:29 dice:

"¿Cuánto mayor castigo pensáis que merecerá el que pisoteare al Hijo de Dios, y tuviera por inmunda la sangre del pacto en la cual fue santificado, e hiciere afrenta al Espíritu de gracia?"

Los versículos anteriores y después de este versículo traen una advertencia al que peca deliberadamente. En el tiempo de Moisés, al que encontraban cometiendo adulterio lo mataban a pedradas. Por cuanto la persona sabía que lo estaba haciendo deliberadamente, el precio de ese pecado era muerte. De la misma forma, Dios nos enseña que si se pisoteare al Hijo de Dios, e hiciera afrenta al Espíritu, ¿cuánto mayor sería el castigo para esa persona? Si estudiamos bien, la única otra cosa que sería mayor que el castigo de la muerte es el no tener la posibilidad de recibir el perdón de Dios y ser culpable de juicio eterno.

Podemos encontrar esto en Marcos 3:29, donde nos dice:

"Pero cualquiera que blasfeme contra el Espíritu Santo, no tiene jamás perdón, sino que es reo de juicio eterno."

Una cosa que Dios nunca perdonará es la blasfemia contra el Espíritu Santo. En el versículo 30 de este mismo capítulo dice:

"Porque ellos habían dicho: Tiene espíritu inmundo."

Los escribas en esta ocasión lo acusaban de echar fuera los demonios en el nombre de Belcebú, príncipe de los demonios. Una cosa que tenemos que entender es que Dios no comparte su gloria con nadie. Dios recibe el afrentar o blasfemar al Espíritu Santo como una ofensa. Después de que usted haya conocido la verdad, y que más luego llegue a blasfemar al Espíritu Santo, eso se constituye un pecado deliberado. Así que, tengamos mucho cuidado con nuestras acciones incorrectas hacia el Espíritu Santo que podrán traer malas consecuencias a nuestras vidas.

El Trabajo del Espíritu Santo en Nuestras Vidas

¿Cuál es el trabajo del Espíritu Santo en nuestras vidas? El Espíritu Santo trabaja en diferentes maneras con nosotros. Aunque muchas veces cambiamos y echamos al Espíritu Santo hacia un lado en nuestras vidas, él nunca cambia y siempre está dispuesto a ayudarnos.

Primero, el Espíritu Santo nos convence. San Juan 16:8 nos dice:

"Y cuando él [Espíritu Santo] venga, convencerá al mundo de pecado, de justicia y de juicio."

Cuando usted aceptó a Jesús como su Salvador, no fue las palabras de la persona testificándole que le convencieron, sino el Espíritu Santo a través de esa persona. Hoy, muchas personas tienen la tendencia de querer hacer el trabajo del Espíritu Santo y esto es incorrecto. Hacemos el llamado para aceptar al Señor como Salvador e insistimos tanto a veces que prácticamente obligamos a los incrédulos tomar un paso que no quieren tomar. Los machacamos tanto que, simplemente para salir de nosotros, ellos pasan. Tenemos que entender que el convencimiento no es trabajo de nosotros, sino del

Espíritu Santo. El momento de esa persona recibir a Jesús como su salvador llegará.

Segundo, nos conduce o guía. El versículo 13 de este mismo capítulo dice:

"Pero cuando venga el Espíritu de verdad, él os guiará a toda verdad..."

El salmista David conocía quién era su guía cuando decía en el Salmo 23:1 y 2:

"Jehová es mi pastor; nada me faltará. En lugares de delicados pastos me hará descansar; Junto a aguas de reposo me pastoreará."

Su confianza estaba en Jehová quien era el que lo pastoreaba junto a las aguas de reposo. David sabía que Jehová no lo dejaría sólo y que supliría todas sus necesidades. De la misma manera, el Espíritu Santo suple nuestras necesidades y nos guía, no permitiendo que nos desviemos.

Si algún día nosotros regresamos a vivir una vida fuera de los caminos del Señor, no es porque el Espíritu Santo ha dejado de guiarnos, sino que nosotros hemos dejado de permitir que el Espíritu Santo nos guíe. Preferimos los placeres del mundo antes de vivir una vida en santidad.

Tercero, nos enseña. San Juan 14:26 dice:

"Mas el Consolador, el Espíritu Santo, a quien el Padre enviará en mi nombre, él os enseñará todas las cosas, y os recordará todo lo que yo os he dicho."

¿Quién mejor que el Espíritu Santo como nuestro maestro? ¿Hay algo que usted no entiende algo? Dígale al Espíritu Santo que le enseñe. Es cierto que Dios le ha dado el ministerio de ser maestro a los hombres para edificación de la iglesia y eso es bueno. Pero hubo un momento en que esa persona no tenía conocimiento y el Espíritu Santo tuvo que enseñarle para que más luego esa misma persona pudiera enseñar a otros. Lo que quiero resaltar aquí es que todo conocimiento proviene del Espíritu Santo de Dios. Si no fuera por la revelación del Espíritu Santo, nosotros no entenderíamos nada.

Cuarto, testifica. San Juan 15:26 dice:

"Pero cuando venga el Consolador, a quien yo os enviaré del Padre, el Espíritu de verdad, el cual procede del Padre, él dará testimonio acerca de mí."

En otras palabras, el Espíritu Santo daría testimonio de Jesús aquí en la tierra. ¿Cómo es que nosotros recibiríamos testimonio? Vamos al quinto punto en San Juan 16:13 a donde dice:

"...no hablará por su propia cuenta, sino que hablará todo lo que oyere, y os hará saber las cosas que habrán de venir."

El Espíritu Santo nos hablaría. Que a través de esa relación íntima con él, él nos dejaría saber las cosas que habrán de venir. Una persona con la cual nosotros pudiéramos hablar y compartir nuestro sentir. Una persona que tuviera las 24 horas dispuesto a escucharnos cuando nosotros necesitamos a un amigo. Ese es el Espíritu Santo.

Sexto, intercede por nosotros. Romanos 8:26 dice:

"Y de igual manera el Espíritu nos ayuda en nuestra debilidad; pues qué hemos de pedir como conviene, no lo sabemos, pero el Espíritu mismo intercede por nosotros con gemidos indecibles."

Como expliqué anteriormente, el Espíritu Santo lo conoce todo. Él se encarga de todas nuestras necesidades espirituales. La mayoría de las veces, nos encontramos tan envueltos en los problemas que no sabemos exactamente como, ni que pedirle a Dios. Sentimos que las fuerzas se nos han acabado y no sabemos si podemos seguir adelante. Esto es cuando entra el Espíritu Santo a interceder por nosotros. El Espíritu Santo gime por nosotros delante del Padre que está en los cielos. Qué lindo es saber que hay una persona que constantemente está llorando e intercediendo por nosotros. Eso me hace sentir muy asegurado de que alguien está cuidando de mí.

Por último, el Espíritu Santo nos consuela. San Juan 14:26 dice:

"Mas el Consolador, el Espíritu Santo, a quien el Padre enviará en mi nombre..."

Un consolador es aquel quien alivia la tristeza, reanima, calma y alienta a una persona. Me recuerdo una experiencia personal cuando yo me sentía muy deprimido. Pasé por un momento en mi vida que nunca había experimentado. Me sentía como si estuviera encerrado entre cuatro paredes sin salida. Por las noches yo lloraba y le decía a Dios que me ayudara por medio del Espíritu Santo. Mi esposa me preguntaba, "¿Qué te pasa?" Yo le respondía, "Mejor déjame tranquilo porque nadie va a entender como yo me siento." Sinceramente, era un vació espiritual que yo sentía que sólo el Espíritu Santo podía llenar.

Me recuerdo que cuando iba al servicio en nuestra iglesia, yo ansiaba que el Espíritu Santo me consolara. Exactamente, en mi iglesia cantaban un himno que decía: "Estando persuadido de esto, de aquel que comenzó su obra en mí, su buena obra en mi vida la terminará," [basado en Filipenses 1:6]. Mire hermano o hermana, esas palabras para mí eran como unas aguas refrescantes que descendían sobre mí y comenzaba a sentir el consuelo del Espíritu Santo. De momento me olvidaba de esa tristeza que había en mi vida y comenzaba a sentir paz, tranquilidad, nuevos ánimos y confianza nueva. Yo personalmente he experimentado al Espíritu Santo como consolador en mí vida. Usted también puede experimentarlo si le da la oportunidad a él. Siempre recuerde, cuando más se siente triste, desconsolado, vació, desesperado y sin fuerzas, el Espíritu Santo está dispuesto a aliviar esa tristeza, calmar las aguas y reanimarle. Espero que a través de estos puntos, usted haya aprendido sobre el trabajo del Espíritu Santo en nuestras vidas.

Características del Espíritu Santo

Hay tres características del Espíritu Santo de las cuales yo quisiera hablar brevemente. Estas tres características son: omnipresente, omnisciente y omnipotente. ¿Qué significan estas tres características? Uno, el Espíritu Santo está en todo lugar; dos, conoce todo; y tres, tiene todo el poder o autoridad. Vamos a Salmo 139:7 y 8, dice:

"¿A dónde me iré de tu Espíritu? ¿Y a dónde huiré de tu presencia? Si subiere a los cielos, allí estás tú; Y si en el Seol hiciere mi estrado, he aquí, allí tú estás."

David decía que no importara a donde él iba, el Espíritu siempre estaría allí. No había lugar para esconderse. Muchas veces nosotros hacemos ciertas cosas que no son agradables a Dios y creemos que nadie nos está vigilando pero muy equivocados estamos. Llegará el momento en que tendremos que estar frente a Dios en su juicio y todos esos trapitos escondidos serán traídos a la luz si usted no se arrepiente. Triste será, que al ponerle en un balance, le encuentre falso y le diga, "No le conozco." ¿A dónde huirá de su presencia? No hay nada en este mundo que Dios no conozca. Todo está delante de sus ojos. Su Espíritu es omnisciente. Leemos en Hebreos 4:13:

"Y no hay cosa creada que no sea manifiesta en su presencia; antes bien todas las cosas están desnudas y abiertas a los ojos de aquel a quien tenemos que dar cuenta."

El Espíritu Santo es omnipotente. Es el representante del poder de Dios aquí en la tierra. Salmo 62:11 dice:

"Una vez habló Dios; Dos veces he oído esto: que de Dios es el poder."

Zacarías 4:6 dice:

"...No con ejército, ni con fuerza, sino con mi Espíritu, ha dicho Jehová de los ejércitos."

Primeramente, vamos a ver que este poder le es prometido a todo creyente. Hechos 1:8 dice:

"Pero recibiréis poder cuando haya venido sobre vosotros el Espíritu Santo, y me seréis testigos en Jerusalén, en toda Judea, en Samaria, y hasta lo último de la tierra."

¿Cuándo es que el Espíritu Santo viene sobre vosotros? Cuando recibimos a Jesús como nuestro Salvador. Hechos 2:38 dice:

"Pedro les dijo: Arrepentíos, y bautícese cada uno de vosotros en el nombre de Jesucristo para perdón de pecados; y recibiréis el don del Espíritu Santo."

El Espíritu Santo es un don o regalo especial que Dios le ha dado a la iglesia. Siempre y cuando usted se mantiene en el camino de Dios, el Espíritu Santo será un regalo para usted. Desvíese del camino y Dios tomará su Espíritu Santo de nuevo. Esto es un regalo solamente para aquellos que se han arrepentido.

Vamos a escudriñar en detalle lo que significa la palabra "poder." La palabra "poder" tiene su significado en hebreo y griego. La palabra en hebreo para poder es *dymanis*. *Dynamis* significa "habilidad o fuerza." En griego es *Exousia*. *Exousia* significa "autoridad delegada," [Nuevo Diccionario Bíblico Ilustrado]. El significado del poder que Dios nos ha dado es la de autoridad delegada.

Fíjese bien, cuando uno llega a una convención o exposición de una organización, casi siempre los delegados o representantes son permitidos a participar en los eventos. De esa misma manera, Dios nos ha escogido, dándonos esa autoridad delegada a través del Espíritu Santo para representarlo aquí en la tierra. La palabra "autoridad" significa derecho legítimo de mandar, [Diccionario Anaya de la Lengua]. Entonces, como representantes de esa autoridad, ¿sobre cuáles cosas tenemos derecho legítimo de mandar? Buena pregunta. Vamos a ver.

Primero, para sanar. Lucas 5:17 dice:

"...y el poder del Señor estaba con él (Jesús) para sanar."

Usted tiene el derecho legítimo para mandar a toda enfermedad que se vaya de su vida. Usted ora por algún enfermo y esa enfermedad se tiene que ir en el nombre de Jesús. Dios le ha dado poder sobre la enfermedad.

Segundo, para echar fuera demonios. San Mateo 8:32 dice:

"Él (Jesús) le dijo: Id. Y ellos [los demonios] salieron..."

Nunca debemos enseñar que les tenemos miedo a los demonios. El que está con nosotros es más grande que aquel que está en contra de nosotros. Dios nos ha dado el derecho legítimo para echar fuera los demonios.

Tercero, para resistir la tentación. Lucas 4:1-13 dice:

"Jesús, lleno del Espíritu Santo...Entonces el diablo le dijo: Si eres Hijo de Dios, di a esta piedra que se convierta en pan...Respondiendo Jesús, le dijo: Dicho está: No tentarás al Señor tu Dios. Y cuando el diablo hubo acabado toda tentación, se apartó de él por un tiempo."

Aún Jesús tuvo sus tentaciones de parte del diablo cuando se encontraba aquí en la tierra. Tenemos que estar llenos del Espíritu Santo para poder resistir la tentación. Dios nos ha dado el derecho legítimo para resistir la tentación. Si Jesús lo resistió, nosotros también podemos resistir.

El Espíritu Santo es poder. Segunda de Timoteo 1:7 dice:

"Porque no nos ha dado Dios espíritu de cobardía, sino de poder, de amor y de dominio propio."

No hay razón porqué sentirnos tan cobardes cuando tenemos un Espíritu de poder. El Espíritu Santo está en todo lugar, todo lo conoce y tiene todo el poder.

Los Dones del Espíritu

Primera de Corintios 12 nos habla sobre los dones de Espíritu. Los dones son los siguientes: palabra de sabiduría, palabra de ciencia, fe, sanidades, hacer milagros, profecía, discernimiento de espíritus, diversos géneros de lenguas e interpretación de lenguas.

Palabra de sabiduría viene a ser conocimiento profundo de algo. En Santiago 3:17 dice:

"Pero la sabiduría que es de lo alto es primeramente pura, después pacífica, amable, benigna, llena de misericordia y de buenos frutos, sin incertidumbre ni hipocresía."

Fíjese como dice este versículo: "La sabiduría de lo alto es pura, pacífica, amable, benigna, llena de misericordia y de buenos frutos." Con toda sinceridad y sin ofender a nadie, yo creo que son muy pocos los que ejercen este don. ¿Usted quiere saber porqué? Muchos de nosotros no vivimos la palabra. Si usted quiere tener un conocimiento profundo de quién es Dios, tener esa relación íntima con él, necesita ser una persona pacífica, amable, benigno, de misericordia y de buen fruto. Muchos son impacientes, o son jactanciosos o de poca misericordia. Si usted no tiene ninguna de estas cosas, difícil se le hará ejercer este don. Por eso es que Dios dice en su palabra que a uno le es dado un don y a otro algo diferente.

Palabra de ciencia es el conocimiento de las cosas basado en nuestro estudio sistemático unido al conocimiento innato de Dios. Este es un don que podemos decir es dado a los maestros, teólogos, etc. Cuando la Biblia habla que la ciencia aumentará, quiere decir que el conocimiento sistemático humano llegará a un nivel muy alto. La habilidad de poder sistematizar o poner todo en un sistema ordenado, necesita mucha sabiduría. ¿Por qué? Porque uno necesita tener un profundo conocimiento para poner todo en un sistema ordenado. Si no conoce algo bien en su profundidad, no puede intentar a enseñarlo. La palabra de ciencia se puede mirar como una revelación divina que Dios le da a una persona en un momento inesperado de predicación o enseñanza para el desarrollo y mayor entendimiento de la iglesia. Un ejemplo muy conocido es cuando Pedro se puso en pie con los once y comenzó a hablar sobre la llegada del Espíritu Santo en el aposento alto. Dios le dio palabra de ciencia para que pudiera enseñar ordenadamente sobre lo acontecido. Al ser usado de esta forma, sabemos bien que muchos fueron salvos a través de esas palabras.

La fe es un don que debemos de tener todos. Es una palabra pequeña, pero con un significado muy grande. Sabemos que la fe es la certeza de lo que se espera, la convicción de lo que no se ve (Hebreos 11). En el versículo 6 de este mismo capítulo nos dice:

"Pero sin fe es imposible agradar a Dios; porque es necesario que el que se acerca a Dios crea que le hay, y que es galardonador de los que le buscan."

Dios quiere que, aunque no lo veamos con nuestros ojos carnales, creamos que él nos ha de dar un galardón cuando

lleguemos al cielo. La fe, dice l
San Mateo 21:21 dice:

"...De cierto os digo, q
no sólo haréis esto a la h
dijereis: Quítate y échate e

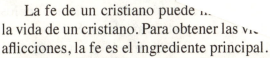

La fe de un cristiano puede
la vida de un cristiano. Para obtener las v
aflicciones, la fe es el ingrediente principal.

Don de sanidades. Tener este don es poder minis
salud a un enfermo. Como he dicho anteriormente, Dios nos ha dado poder para sanar todas las enfermedades. Cuando Jesús escogió a sus doce discípulos, él les dio poder. San Mateo 10:1 dice:

"...les dio autoridad sobre los espíritus inmundos, para que os echasen fuera, y para sanar toda enfermedad y toda dolencia."

Tenemos que tener en cuenta que muchas veces las enfermedades son demonios que perturban a los cuerpos. Por eso es que tenemos que tener cuidado cuando oramos por los enfermos porque puede resultar en una manifestación de demonios. Si usted no está preparado, mejor permite que otro sea el que ministre sanidad. Aunque creemos que orar por sanidad para una persona no es nada peligroso, no es así. Podemos ver en muchas de las sanidades que Jesús hizo en la Biblia, tuvieron que ver con echar fuera demonios de las varias enfermedades. Le advierto que tenga mucho cuidado.

Hacer milagros. "Milagro" significa suceso sobrenatural que contradice las leyes de la ciencia y de la naturaleza, realizado por intervención divina [Diccionario Anaya de la Lengua]. Un ejemplo perfecto de esto está en el libro de San Marcos 5:25 al 27 y 34:

...a mujer que desde hacía doce años padecía de ...gre, y había sufrido mucho de muchos médicos, y ...todo lo que tenía, y nada había aprovechado, antes ...peor, cuando oyó hablar de Jesús, vino detrás entre la ...itud, y tocó su manto. Y él le dijo: Hija, ti fe te ha hecho ...va; ve en paz, y queda sana de tu azote."

La mujer prácticamente gastó todo su dinero en los médicos que supuestamente podían ayudarla. Sin embargo, su sanidad vino gratis y sólo de aquel quien sana toda enfermedad. Este acto contradijo toda ciencia humana y fue realizada solamente por una intervención divina. El propósito de los milagros es para que los hombres conozcan el poder del Señor. Este poder podemos verlo en San Juan 11:42-44 cuando Jesús resucita a Lázaro.

"Yo sabía que siempre me oyes; pero lo dije por causa de la multitud que está alrededor, para que crean que tú me has enviado. Y habiendo dicho esto, clamó a gran voz: !!Lázaro, ven fuera! Y el que había muerto salió, atadas las manos y los pies con vendas, y el rostro envuelto en un sudario. Jesús les dijo: Desatadle, y dejadle ir."

Profecía. Cuando uno profetiza, uno predice algún acontecimiento futuro. A través de las profecías que dieron los profetas en la Biblia, nosotros hoy conocemos nuestros futuros por los cumplimientos de las mismas. No porque dicen que vienen en el nombre de Jehová necesariamente significa que Dios está hablando. Le sugiero que cuando una persona le venga con alguna profecía para su vida personal, usted lo tome y con calma lo examine y le pida a Dios la confirmación de esa profecía. Hay veces que uno sabe de inmediato si es de Dios o no; en otras ocasiones uno tiene que tomar su tiempo y analizar la profecía. He visto a donde muchos han recibido profecías y se han confundido porque el mensaje no ha sido entregado correctamente. La verdadera profecía debe ser respaldada por la Palabra. Tenemos que estar seguros que Dios nos está dando la profecía porque si no, malas consecuencias tendremos por usar el nombre de Jehová en vano. Jeremías 23:25, 31 dice:

"Yo he oído lo que aquellos profetas dijeron, profetizando mentira en mi nombre, diciendo: Soñé, soñé...He aquí dice Jehová, yo estoy contra los que profetizan sueños mentirosos, y los cuentan, y hacen errar a mi pueblo con sus mentiras y con sus lisonjas, y yo no les envié ni les mandé; y ningún provecho hicieron a este pueblo, dice Jehová...por tanto, he aquí yo os echaré en olvido, y arrancaré de mi presencia a vosotros y a la ciudad que di a vosotros y a vuestros padres; y pondré sobre vosotros afrenta perpetua, y eterna confusión que nunca borrará el olvido."

El que usa el nombre de Jehová en vano diciendo que Jehová ha dicho cuando no ha dicho nada será echado al olvido. Pablo le escribe a los de Corinto sobre el don de la profecía. Su anhelo era que todos hablasen lenguas pero más que profetizaran. ¿Por qué sería esto? Leemos en Primera de Corintios 14:1 y 3:

"Seguid el amor; procurad los dones espirituales, pero sobre todo que profeticéis. Pero el que profetiza habla a los hombres para edificación, exhortación y consolación."

Pablo quería que todos los oyentes fueran edificados, exhortados y consolados. La profecía es importante en el pueblo de Dios. Pero como Pablo le seguía explicando a los de Corinto, todo tiene su orden. Además, Pedro en el sermón del aposento alto anuncia que este sería un don que Dios les entregaría a jóvenes, ancianos y sus siervos en los postreros días. Hechos 2:17 y 18 dice:

"Y en los postreros días, dice Dios, Derramaré de mi Espíritu sobre toda carne, Y vuestros Hijos y vuestras hijas profetizarán; Vuestros jóvenes verán visiones, Y vuestros ancianos soñarán sueños; Y de cierto sobre mis siervos y mis siervas en aquellos días Derramaré de mi Espíritu, y profetizarán."

Discernimiento de espíritus. "Discernir" es diferenciar una cosa de la otra [Diccionario Anaya de la Lengua]. La Biblia nos alerta que en los últimos días se levantarán muchos para engañar. Ahora, la Biblia nos manda a escudriñar los espíritus. Primera de Juan 4:1 dice:

"Amados, no creáis a todo espíritu, sino probad los espíritus si son de Dios; porque muchos falsos profetas han salido por el mundo."

¿Por qué es necesario el discernimiento? Efesios 6:12 dice:

"Porque no tenemos lucha contra sangre y carne, sino contra principados, contra potestades, contra los gobernadores de las tinieblas de este siglo, contra huestes espirituales de maldad en las regiones celestes."

Una cosa muy interesante aquí es que menciona la palabra "espíritus" en forma plural. Significando que hay más de un espíritu por la cual nosotros tenemos que velar. Ahora, si usted no tiene el don del discernimiento de espíritus, ¿cómo podrá reconocer si es de Dios o no? Esto no es una batalla que podemos ver con nuestros ojos carnales, sino una batalla espiritual que sólo con el discernimiento de espíritus podemos batallar. El diablo tiene un ejército listo para la batalla pero si usted no tiene el discernimiento de espíritus para verlo, nunca obtendrás la victoria. Al no tener el discernimiento de espíritus, es como tener una venda en los ojos sin poder ver a donde va.

Diversos géneros de lenguas. Vemos el primer acontecimiento de este don repartido en el aposento alto. Hechos 2:4 nos dice que "comenzaron a hablar en otras lenguas." En el versículo 17 más adelante nos dice:

"Y en los postreros días, dice Dios, Derramaré de mi Espíritu sobre toda carne..."

¿A qué se refería Pedro en esta ocasión? Pedro anunciaba que en la misma forma en que el Espíritu Santo descendió sobre aquellos en el aposento alto, así Dios haría en los postreros días. De manera que, la manifestación del don de las lenguas sería repartida aún en los postreros días. Pedro explicaba que lo acontecido era una promesa que Jesús les había dado. Si usted no habla en lenguas, no necesariamente significa que no tiene al Espíritu Santo. Recuérdese que expliqué anteriormente que el Espíritu Santo es para todos aquellos que han recibido a Jesús como su Salvador. Una vez que uno acepta a Jesús como su Salvador, automáticamente recibe al Espíritu Santo. Las lenguas son solamente una señal de varias señales que Dios nos ha dado.

Interpretación de lenguas. Pablo los enseña a los corintios que es bueno hablar lenguas pero si no hay la interpretación de las lenguas, de poco provecho son, no solamente al que las habla sino a los que están alrededor. En Primera de Corintios 14:9 Pablo dice:

"Así también vosotros, si por la lengua no diereis palabra bien comprensible, ¿cómo se entenderá lo que decís? Porque hablaréis al aire."

Pablo nos sigue diciendo en el versículo 13:

"Por lo cual, el que habla en lengua extraña, pida en oración poder interpretarle."

¿Sabía usted que usted mismo puede pedirle a Dios que le de la interpretación de las lenguas que usted habla? Cuando usted habla en lenguas, su espíritu habla con Dios. Usted se edificaría mucho más al saber qué es lo que su espíritu clama a Dios. ¿Cierto o no? El versículo 14 dice:

"Porque si yo oro en lengua desconocida, mi espíritu ora, pero mi entendimiento queda sin fruto."

Pablo sigue diciendo que la interpretación es muy importante para el que hable lenguas. El versículo 28 dice:

"Y si no hay intérprete, calle en la iglesia, y hable para sí mismo y para Dios."

Nacido y criado en un ambiente pentecostal, he podido ver muchas manifestaciones de lenguas en la iglesia. A través de los años he llegado a la conclusión que la iglesia necesita ser enseñado con más profundidad sobre el hablar e interpretación de lenguas. Las lenguas deben de ser ejercitado ordenadamente dentro de la iglesia. Dios es un Dios ordenado. Muchas veces he visto estas manifestaciones de lenguas sin ninguna edificación absoluta en la iglesia. Lo que pasa en estos días es que la emoción es lo que se mueve muchas veces en las iglesias de hoy en vez del Espíritu Santo. El don de la interpretación de lenguas es necesario en la iglesia.

He hablado un poco sobre los dones del Espíritu. Aunque no hemos podido ir con más profundidad en cada don, espero que usted haya podido entender los regalos especiales que el Espíritu Santo tiene para usted. Pídale a Dios que le de aquellos dones que usted sabe que puede ejercitar. Aproveche estos dones.

El Fruto del Espíritu

Yo he oído en muchas ocasiones los hermanos expresando las palabras "frutos del Espíritu." Esto es incorrecto. La Biblia no dice "frutos" en plural, sino "fruto" en singular. No se preocupe, yo también me expresaba así hasta que un día me enseñaron lo que le voy a explicar. Primeramente, vamos a leer el pasaje donde habla sobre el fruto del Espíritu. Gálatas 5:22:

"Mas el fruto del Espíritu es amor, gozo, paz, paciencia, benignidad, bondad, fe, mansedumbre, templanza; contra tales cosas no hay ley."

El versículo claramente dice el "fruto del Espíritu." La palabra "el" significa forma masculina singular (uno) del artículo determinado. ¿Por qué es que la Biblia lo menciona de esta forma? Porque Dios es uno. Sin embargo, cuando habla de las obras de la carne, toma forma plural. Versículo 19 dice:

"Y manifiestas son las obras de la carne..."

La palabra clave aquí es "son." La palabra "son" se usa en forma plural significando "más de uno o tercera persona." ¿Por qué entonces menciona las obras de la carne en forma plural? La razón es simple: mientras Dios es uno, el diablo está dividido en varias partes. Interesante, ¿verdad? Eso mismo pensé yo cuando lo aprendí. Ahora, al tener el amor, que es sobre todas las cosas, automáticamente recibimos gozo, paciencia, benignidad, bondad, fe, mansedumbre y templanza. Podemos entonces decir que el amor viene siendo el fruto del Espíritu teniendo como características el gozo, la paciencia, la benignidad, la bondad, fe, mansedumbre y templanza. ¿Quién es el que le permite disfrutar de este fruto especial? El Espíritu Santo.

La Biblia nos enseña que "vuestro cuerpo es templo del Espíritu Santo," (1 Corintios 6:19). La Biblia nos sigue diciendo que tenemos que "glorificad a Dios en vuestros cuerpos y en vuestro espíritu" (v. 20). ¿Cómo es que glorificamos a Dios en nuestros cuerpos? Viviendo y practicando las características del fruto del Espíritu. Para terminar esta sección, quisiera darle una definición de cada palabra:

Amor- la naturaleza o virtud de Dios entregada a nosotros para manifestarla hacia los demás.

Fe- certeza de lo que se espera, la convicción de lo que no se ve [basado en Hebreo 11:1].

Gozo- sentir placer.

Paciencia- virtud o habilidad de no cambiar.

Benignidad- amable, generoso.

Bondad- inclinación natural a hacer el bien.

Mansedumbre- suavidad, tranquilidad.

Templanza- virtud que modera los apetitos, pasiones.

[Diccionario Anaya de la Lengua]

Tenemos que ser imitadores de Cristo. Si Cristo cumplió estas cosas cuando se encontraba en la tierra, nosotros también podemos hacerlo. Vamos a mantener el Espíritu Santo alegre en nuestras vidas.

¿Bautismo o Llenura del Espíritu?

Ahora, siendo el tema sobre el Espíritu Santo uno de mucho estudio y debate, me puse a escudriñar las Escrituras sobre dos palabras: bautismo y llenura. Usted dirá: los dos son lo mismo. Según lo que yo he podido escudriñar en las Escrituras, he llegado a la conclusión de que son dos cosas diferentes. Muchas veces confundimos el significado de estas dos palabras. La mayoría de las veces, clasificamos el hablar en lenguas y danzar en el espíritu como el bautismo del Espíritu Santo y esto es incorrecto. Vamos a ver primeramente el significado de cada palabra y después continuaremos.

La palabra "bautismo" viene de *baptizō*. Es la forma extensiva de *baptein* que significa sumergir [Nuevo Diccionario Bíblico Ilustrado]. Ahora, la palabra "sumergir" significa hundir una cosa en un líquido. Cuando usted hunde a algo, usted lo mete en lo hondo. Entonces, ¿qué es lo que hace el Espíritu Santo con nosotros cuando aceptamos a Jesús como Salvador? Nos bautiza (sumerge o hunde) en ese líquido que es la sangre de Jesús y nos limpia de todo pecado. Salimos una nueva criatura. Esto es el bautismo del Espíritu Santo.

Vamos a ver el significado de la palabra "llenura." "Llenura" o "llenar" significa ser cubierto por completo [Diccionario Anaya de la Lengua]. Cuando usted ha sido bautizado por el Espíritu en la sangre de Cristo, usted sale completamente cubierto con su sangre. Este es el comienzo de la llenura del Espíritu. En Hechos 2:4 dice:

"Y fueron todos llenos del Espíritu Santo."

En otras palabras, cuando el Espíritu Santo descendió sobre las personas que estaban allí, ellos fueron llenos. Otra palabra que podemos usar en vez de" llenos," es "capacitados." Al ser llenados del Espíritu Santo (o capacitados por el Espíritu), ellos comenzaron a recibir el don de las lenguas. El punto que quiero que sobresalga aquí es que cuando uno recibe algún don de Dios por el Espíritu Santo, esto se debe de clasificar como parte de la llenura o capacitación. Al recibir el don de las lenguas, ellos fueron capacitados por el Espíritu para ejercer ese don.

San Juan 20:22 dice:

"Y habiendo dicho esto, sopló, y les dijo: Recibid el Espíritu Santo."

Entonces, si los discípulos tenían al Espíritu Santo antes de llegar al aposento alto, ¿qué era lo que Dios le quería entregar? Una capacitación especial para predicar como hizo Pedro en aquellos momentos.

Los dones sirven como señal que hemos recibido el bautismo del Espíritu Santo. Que quede claro, usted no necesariamente tiene que tener estos dones para decir que tiene el bautismo del Espíritu Santo. Todos los que han recibido a Jesús como su Salvador han sido bautizados por el Espíritu Santo y lo tienen. El que recibe al Hijo, recibe también al Padre y el Espíritu Santo.

En otras palabras, lo que le quiero dejar saber es que nosotros solamente somos bautizados una sola vez mientras tenemos que ser llenados continuamente. Necesitamos ser llenados o capacitados cada día como una batería de automóvil necesita ser cargada para mantener el automóvil corriendo.

Conclusión

Para tener una relación íntima con el Espíritu Santo, usted necesita conocer quién es y cómo trabaja. Espero que a través de este libro usted haya recibido una enseñanza que le ha ayudado conocer mejor al Espíritu Santo. Repita conmigo esta oración pidiéndole a Dios que le selle con el anillo especial que tiene para nosotros.

> Padre, en el nombre de Jesús, te doy gracias por el regalo tan lindo que tú me has dado, el Espíritu Santo. Padre, te pido que me perdones si en algún momento consciente o inconscientemente le he fallado al Espíritu Santo. Reconozco que es una persona y no cualquier cosa. Me despojo de todo aquello que puede impedir que el Espíritu Santo obre en mí y le doy rienda suelta al Espíritu Santo en mi vida. Yo soy tu hijo(a), he sido lavado(a) en la sangre de Cristo y hecho(a) nueva criatura, más ahora te pido que tu Espíritu me ayude comprender y vivir tu palabra. Necesito tener esa llenura o capacitación que solo tu Espíritu me puede dar. Amén.

Referencias

Diccionario Anaya de la Lengua. Edición especial para Puerto Rico. Madrid: Servicios Editoriales y de Empresa, S.A., Edición Anaya, S.A., 1980.
Nuevo Diccionario Bíblico Ilustrado. Terrassa: CLIE, 1985.

Si usted le interesaría escribirnos e informarnos de su opinión, preguntar del libro o quisiera compartir algún testimonio con el ministerio, por favor de escribirnos a:

Ministerio Poder de Dios en Acción
Evang. José L. Fontanez
6401 SW 30 St.
Miramar, Fl. 33023

Email:
contacto@poderenaccion.com

El Ministerio Poder de Dios en Acción está disponible para congresos, conferencias, consejería, etc. Nos dedicamos a predicar la palabra de Dios a toda criatura. Somos un ministerio sin fines de lucro.

CPSIA information can be obtained
at www.ICGtesting.com
Printed in the USA
BVHW030228300521
608205BV00001B/45